Ulrich Schaffer
mit Waltraud Schaffer

Im Zeichen Jungfrau

Der Weg der Klarheit

Ulrich Schaffer
mit Waltraud Schaffer

Im Zeichen Jungfrau

Der Weg der Klarheit

HERDER

FREIBURG · BASEL · WIEN

Der Weg der Klarheit

Einen Weg den „Weg der Klarheit“ zu nennen ist gewagt, aber es gibt viele Menschen, die ihre Lebenserfüllung genau auf diesem Weg finden. Der Weg der Klarheit kann eine Hilfe sein, die anderen Wege sinnvoll zu gehen. Seine Energie hat oft eine dienende Funktion und wird darum von vielen nicht hoch eingeschätzt, und doch würde ganz viel in der Welt ohne die Energie dieses Weges nicht möglich sein.

Auch auf diesem Weg kann man es zur Meisterschaft bringen. Der Mensch auf diesem Weg hat ein besonderes Auge für das Notwendige. Er ist sich dessen bewusst, was im guten Sinne machbar ist und was dem Leben weiterhilft. Sein Augenmerk gilt besonders den Einzelheiten, die häufig darüber entscheiden, ob eine Sache steht oder fällt. Er packt an, wo es nötig ist und findet darin eine tiefe, umfassende Erfüllung.

Aber auch hier gibt es Spannungen. Nur zu ordnen, nur zu ermöglichen und nur zu dienen, ohne den größeren Kontext im Auge zu haben, macht diesen Weg zu einem Weg der Arbeit und des ewigen Tuns. Aber auch hier gilt, was auf die anderen elf Wege zutrifft: Wie wir unseren Weg gehen, entscheiden wir selbst. Erfüllung ist auf jedem Weg möglich.

Das Ziel des Weges

Du willst deinen Mitmenschen ermöglichen,
ein erfülltes Leben zu führen,
und brauchst dazu einen klaren Plan.
Du untersuchst, wie etwas zu tun sei,
wann der günstige Zeitpunkt ist
und welche Energien dafür eingesetzt werden müssen.
Du verströmst dich nicht
und hast keine unmöglichen Ziele,
sondern bist praktisch, realistisch
und setzt deine Kräfte gezielt ein.

Du brauchst Methoden und Organisationen,
du brauchst einen Ablauf, eine Hochrechnung,
aber dahinter geht es immer um die Ordnung,
die Leben fördert, und dies nicht nur im äußeren Bereich,
sondern auch in der Dichte der inneren Welt.
Du wünschst, die Gesetze, Regeln und Muster,
in denen sich das Leben entfaltet,
zu durchdringen und zu ergründen.
Du willst den Dingen auf den Grund gehen
und arbeitest daran mit Einsatz,
mit Sachlichkeit und mit Gründlichkeit.
So breitest du Leben aus und schaffst heilsame Zustände.
Wenn du das tun darfst,
durchzieht dich eine tiefe Lebensfreude.

Was du spürst

Dein Leben ist gekennzeichnet von Sorgfalt.
Du bist vorsichtig und brauchst Ruhe,
um dich in den Dienst einer Aufgabe zu stellen.
Du lebst nicht nur für dich und deine Wünsche,
sondern bist ausgerichtet auf andere
und denkst an sie mit Achtung.
Du bist nachdenklich, verlierst dich aber nicht in deinem Denken,
sondern entwickelst dadurch Möglichkeiten,
mit denen du beiträgst zum ergiebigen Miteinander.

Dein Weg wirkt natürlich und ungekünstelt.
Er ist nicht übertrieben oder verstiegen.
Die Ordnung und Klarheit, die durch dich entsteht,
kommt aus dir,
aus deinem Bedürfnis nach einem sinnvollen Umgang
mit dir selbst, mit anderen und mit dem Leben.

Du übst Hilfsbereitschaft, nicht um zu manipulieren
oder andere dir gegenüber in eine Schuld zu stellen,
sondern weil es deine Natur ist, anzupacken
und das Beste aus jeder Situation zu machen.

3 Pers. Tübg.

Die Energie von der du zehrst

Dein Wunsch,
die Welt klar und verständlich zu sehen
und sie so zu ordnen, dass sie durchschaubar ist,
ist die Quelle deiner Kraft,
auch wenn der Wunsch
nicht immer in Erfüllung geht.
Im Zentrum deines Lebens steht Arbeit,
und Arbeit ist für dich edel und wertvoll.
Das zu wissen lässt dich nicht so schnell
müde werden und aufgeben.
Nützlich zu sein ist dir Glück.
Und Glück ist Energie.

Aus deiner Liebe zu den Einzelheiten,
zur Genauigkeit, zum rechten Platz zur rechten Zeit,
wächst dir Kraft zu.
Für dich ist Gott im Detail.

Aus deiner Arbeit selbst wächst dir Kraft zu.
Wo Kraft gebraucht wird, entsteht sie.
Dein Dienst für andere erschließt dir die Welt.
Du bist tätig
und redest nicht nur darüber, etwas tun zu wollen.
Dein Leben ist ein Netzwerk von Handlungen,
die – miteinander verbunden – dein Leben tragen.

Wie du dich selbst erlebst

Dir ist es wichtig,
dass dein Leben klar und überschaubar ist.
Buntheit und Fülle verwirren dich.
Du spürst immer wieder den Hang zum Einfachen.

Dir ist es wichtig, gründlich vorzugehen.
Du analysierst und begutachtest,
aber nicht, um zu urteilen,
sondern um so gut wie möglich zu dienen.
Dir ist es nicht so wichtig,
das Leben in seinen letzten und tiefsten Verästelungen
zu verstehen und zu begreifen,
sondern du willst die Muster wahrnehmen,
die wie eine klare Ordnung alles Leben bestimmen.

Manchmal spürst du, wie leicht dich Kleinigkeiten stören.
Du willst alles perfekt haben
und leidest darunter, wenn es nicht so ist.
Dann fühlst du Ärger und übst dich darin,
ihn unter Kontrolle zu halten.
Das Unvorhergesehene liebst du nicht,
weil es Unordnung bringt,
aber du weißt auch, dass du darauf achten musst,
nicht alles im Griff haben zu wollen,
weil dich das fesselt und kleinlich macht.

Du und die anderen

Mit deiner Sachlichkeit
wirst du von den meisten Menschen gern gesehen.
Sie trauen dir, weil du dich nicht verstellst.
Mit deiner Art schaffst du einen Raum,
in dem sie ihr Leben besser überschauen können.

Oft entwickelt sich still
eine Beziehung zu anderen,
weil du dir der Würde deines Beitrags bewusst bist.
Es fällt dir nicht schwer, das Einfache zu tun,
um das Komplizierte möglich zu machen.
Du brauchst nicht im Mittelpunkt zu stehen,
um wichtig zu sein.
Das rechnen dir viele hoch an.

Auf dich ist Verlass,
und Menschen sind froh, dass du da bist.
Manchmal wirst du als selbstverständlich hingenommen,
und erst wenn du nicht mehr da bist,
nimmt man wirklich wahr, was man an dir gehabt hat.
Das gehört zu deinem Weg –
der oft nicht glänzt und doch kostbar ist.

Vergiss nicht, dass du das Salz bist,
auch wenn andere sich wichtiger nehmen mögen.

Woran du leidest

Ein großes Durcheinander
ist für dich schwer zu ertragen.
Du gehst unter in der Vielfalt
und verlierst dich in der Unordnung.
Du brauchst Ordnung, um zu leben.

Überraschendes bringt dich aus der Fassung.
Du wünschst, dass alles möglichst gut funktioniere,
und es macht dir Angst,
wenn du den Ablauf der Dinge nicht mehr bestimmen kannst.
Ganz tief darunter hast du Angst vor dem Ausgeliefertsein.
Du gebrauchst darum deine Beobachtungsgabe,
um aus dem, was du siehst, ein Bild der Welt zu entwickeln,
an dem du dich orientieren kannst.
Du bist klein in der großen Welt,
aber du findest dich zurecht.

Manchmal leidest du unter den Gegebenheiten
und müsstest sehr viel tun, um die Ordnung wieder herzustellen.
Auch schaffst du es nicht, dich darüber hinwegzusetzen.
Die Augen zu schließen, krank zu werden an der Unordnung,
oder verzweifelt Ordnung herzustellen,
sind deine Möglichkeiten, von denen dir keine gefällt.
Du musst den Weg aus der Enge finden.

Vermeide was dich herabzieht

Vermeide eine zu große Skepsis.
Mit deiner Genauigkeit
kannst du leicht alles ungenügend finden.
Dann wirst du zu kritisch,
nörgelst an allem herum
und verlierst deine innere Größe.

Vermeide es,
dir zu viele Sorgen zu machen über äußere Umstände,
die außerhalb deiner Kontrolle liegen.
Dir wird sonst später die Energie für das fehlen,
was du verändern willst.

Vermeide es, in deiner Suche nach der günstigsten Lösung
zu kühl und kalkulierend zu werden.
Dein Leben wird dann trocken und berechenbar sein,
und ihm wird das Überraschende fehlen.

Vermeide es, so strenge Regeln aufzustellen,
dass niemand deinen Erwartungen gerecht werden kann.
Wenn du es tust, wird alles „richtig“ sein,
aber du wirst mit der Richtigkeit allein dasitzen.

Vermeide es, zu viel über dich selbst nachzudenken.
Du verlierst so deine Spontaneität
und deine Leidenschaft für das Leben.

Wenn du liebst

Deine Beziehungen sind stark von dem Wunsch bestimmt,
etwas für andere zu tun.
Du verwirklichst dich selbst,
indem du dich verschenkst.
Du tust gern einen Gefallen,
und diese Selbstlosigkeit finden viele anziehend.
Du erniedrigst dich dabei nicht,
sondern wächst in den Augen anderer.

Wenn du den Geliebten nicht verstehst,
erarbeitest du dir das Verständnis und lernst zu lieben,
um dem Partner das zu geben, was er braucht.

Du bist das Salz in vielen Beziehungen.
Ohne dich fehlt etwas.
Man braucht dich wegen deiner Erdverbundenheit,
mit der du vieles möglich machst.

Du neigst dazu, mit deinem scharfen Blick
zu kritisch zu sein und damit den Partner zu verletzen.
Frage dich, ob du das Recht hast zu urteilen.
Sei kritisch deiner Kritik gegenüber,
sonst bleibst du allein.

Gott auf deinem Weg

Der Gott auf diesem Weg
ist ein Gott der Klarheit und der weisen Planung.
Er arbeitet schwer und scheut nichts,
um den Menschen zu helfen.
Wir können es von ihm erwarten,
er wird uns nicht im Stich lassen.
Er ist verlässlich.

Dein Gott ist der große Heiler,
und wenn du jemandem die Hände auflegst,
dann fließt Gott durch dich hindurch und heilt.
Du bist sein Diener,
und manchmal wirst du selbst zum Heiler,
der die Wunden des anderen
durch die eigenen Wunden verstehen kann.

Durch deine eigene Not und dein eigenes Leid
weißt du um die Bedürfnisse anderer und kannst helfen.
Gott steht dir zur Seite,
von ihm erlernst du die Geheimnisse des Heilens.

Enttäuschungen sind unvermeidbar

Du hast als stilles Anliegen,
die Welt in Einzelheiten anzusehen,
und triffst dabei auf vieles,
das du nicht einordnen kannst.
Auch deine Gründlichkeit und dein Fleiß
erschließen dir nicht die letzten Geheimnisse.

Du erreichst eine Meisterschaft im Kleinen und fragst dich dann,
ob du dein Ziel zu klein gewählt und zu tief gesetzt hast.
Alles ist perfekt und dadurch uninteressant.
So kann dein erreichtes Glück enttäuschend sein.

Ganz tief trifft es dich, wenn man dich nicht versteht
und dein Verhalten falsch deutet:
Was du als Ordnungsliebe empfindest, nennen andere Pedanterie,
deine Sparsamkeit nennt man Geiz,
und aus deinem Fleiß macht man oberflächliche Geschäftigkeit.

Vielleicht gestehst du es dir nicht ein,
aber du glaubst in einer Ecke deines Herzens,
dass fast alles machbar und immer einzuordnen ist,
bis du enttäuscht feststellst, dass es vieles gibt,
was sich deinen Händen, deiner Seele
und deinem Geist entzieht.

Ein Vater und seine drei Töchter

Ein Mann, dessen Frau früh gestorben war, hatte drei Töchter, die er liebte. Wenn er sie mit den Worten „Und dies sind meine drei Töchter" vorstellte, dann musste er selbst manchmal fast lachen, weil es sich anhörte, als wolle er ein Märchen erzählen. Aber sie lebten weder in einem Schloss, noch konnten sie Stroh zu Gold spinnen.

Die erste Tochter war sehr musikalisch. Schon als kleines Kind spielte sie Flöte und tanzte dazu. Später erlernte sie andere Instrumente, und manchmal lud der Vater seine Freunde zu einem kleinen Hauskonzert ein. Alle waren beeindruckt von ihrem Können. Aber noch wichtiger war dem Vater, dass diese Tochter sein Leben schön, hell und freundlich machte. Wenn sie spielte, konnte er nicht lange traurig sein. Bald gab sie anderen Kindern Musikunterricht und verdiente so ihr erstes Geld. Sie achtete auch darauf, dass das Haus schön eingerichtet war. Sie besorgte Blumen, hängte ab und zu neue Bilder auf, kaufte auch mal ein passendes Möbelstück, und wenn sie Besuch hatten, deckte sie den Tisch besonders schön. „Wie werde ich einmal ohne diese Tochter auskommen?", fragte er sich oft.

Die zweite Tochter hatte eine andere Begabung. Schon früh hatte sie großen Spaß daran, Erwachsene nachzuahmen. Sie machte die Stimme einer etwas eigenartigen Tante nach und imitierte den Gang eines seltsamen Onkels. Auch der Vater hatte im Stillen seinen Spaß daran. Schon mit zwölf Jahren spielte sie mit einigem Erfolg die ersten Rollen im Theater. Mit ihrem Wesen machte sie das Leben des Vaters leicht. Ihr Witz und ihr Charme brachten ihn immer wieder zum Lachen, und zwar so herzhaft, dass ihm die Tränen die Wangen herabliefen. Er konnte sich ein Leben ohne sie nicht vorstellen.

Die dritte Tochter hatte keine so offensichtliche Begabung wie ihre Schwestern und wurde darum oft übersehen. Aber auch sie trug ihren Teil bei. Sie ordnete und besorgte, sie reparierte und verbesserte, sie plante und sorgte vor, trat aber hinter allem zurück, und der Vater dachte so gut wie nie daran, dass er sie vermissen würde.

Als die erste Tochter eine Anstellung an der Musikschule einer anderen Stadt bekam, da kam für den Vater der erste schwere Abschied. Ein halbes Jahr später zog die zweite Tochter in eine Großstadt, wo sie an einer der Bühnen Arbeit gefunden hatte. Jetzt war das Haus fast leer, und der Vater klagte, wie karg sein Leben ohne die beiden Ältesten sei. Dann zog auch die jüngste Tochter fort.

Zunächst bemerkte der Vater ihre Abwesenheit kaum. Doch jeden Tag musste er etwas suchen, weil die Ordnung im Haus immer mehr nachließ. Das Badezimmer schimmelte, die Küche klebte, das Essen verdarb, und die Haustiere wurden nicht versorgt. Auch die Gesundheit des Vaters ließ nach. Und wenn seine älteste Tochter zu Besuch kam, war die Flöte nicht zu finden, und jemand

hatte die Gitarre in einen feuchten Raum gelegt, wo das Holz gequollen war. Und wenn die zweite Tocher kam, dann fühlte sie sich unwohl in dem unordentlichen Haus, und sie vermochte den Vater nicht mehr aufzuheitern. So verfiel das Haus langsam.
Da begriffen der Vater und die älteren Schwestern, wie wichtig die jüngste Schwester mit ihrem Wirken für sie alle gewesen war. Sie beschlossen, ein Fest für die Jüngste zu feiern. Sie luden viele Freunde ein, und der Vater und seine älteren Töchter bedankten sich öffentlich für alles, was die Jüngste für sie getan hatte. Sie feierten miteinander, und allen wurde zum ersten Mal klar, dass sie mit ihrer besonderen Begabung das Glück ihres Lebens ermöglicht hatte.

Was du von Natur aus bist

Von Natur aus bist du fleißig,
hast du ein Auge für Einzelheiten,
bist du hilfsbereit und verlässlich,
arbeitest du viel,
bist du erfrischend sachlich,
bist du gewissenhaft,
fehlt es dir an Leidenschaftlichkeit,
fällt dir Selbstkontrolle nicht schwer,
bist du bescheiden, bis hin zum fehlenden Selbstvertrauen,
nimmst du es genau,
bist du empfindsam,
musst du darauf achten, dass du nicht kleinlich wirst,
bist du zurückhaltend,
hältst du Abstand zu anderen,
bist du gelegentlich zu ernst,
hinterfragst du viel, vielleicht zu viel,
verabscheust du unsauberes Denken und Handeln,
löst du gern Probleme,
setzt du dich selbst manchmal unter Druck,
weil du viel von dir erwartest.

Was dich glücklich macht

Nichts macht dich so glücklich,
wie konkrete Aufgaben sachlich auszuführen
und Probleme zweckdienlich zu lösen.
Du setzt deine Kräfte gern bewusst
und zielgerichtet ein.

Du hast Freude daran, einen Plan zu machen,
bevor du etwas angehst,
um das Unternehmen möglichst optimal auszuführen
und Erfolg zu garantieren.
Listen, Methoden, Klassifikationen und Statistiken
erfüllen dich mit Zufriedenheit,
weil sich in ihnen die Überschaubarkeit der Welt
für dich ausdrückt.

Klarheit macht dich glücklich.
Du wünschst die Welt durchsichtig,
und es gibt für dich nichts Schöneres,
als wenn sich dieses sogar noch sinnvoll
mit dem Dienst am Mitmenschen verbinden lässt.

Wenn es schwer wird

Es fällt dir schwer,
wenn du nicht mehr die Kraft hast,
die von dir bevorzugte Klarheit herzustellen,
oder wenn du mit Menschen leben musst,
denen Klarheit unwichtig ist.
Dann entstehen Konflikte.

Wenn Menschen dich missverstehen
und sich von dir kritisiert fühlen,
weil du eine Vorstellung davon hast, wie alles sein sollte,
dann macht dir das zu schaffen.

Wenn die andern deine Arbeit und dein Dienen nicht genug schätzen
und es von dir erwarten, als hätten sie ein Recht darauf,
dann möchtest du dich wehren
und deinerseits erwarten, dass man dich ehrt und schätzt.

Es gibt Zeiten,
da ekelt dich die Unreinheit und Unordnung anderer,
ihr chaotisches Leben und ihre fehlenden Pläne,
da fällt es dir schwer, nichts tun zu können
und es aushalten zu müssen.
Da musst du mit etwas leben,
was dir den Boden unter den Füßen wegzieht.

Das Besondere deines Weges

Wo andere hoch hinaus wollen,
da bist du zufrieden,
deine Erwartungen zurückzuschrauben
und in der Begrenzung
deine Meisterschaft zu zeigen.
Dem, was du gewählt hast
– was es auch sein mag –,
widmest du deine ganze Aufmerksamkeit.
So kann das Einfache das Besondere werden,
weil du es veredelst.

Du kannst dich selbst zurückstellen,
um die Sache, für die du dich entschieden hast, zu fördern.
Du bist nicht bestechlich und käuflich,
weil du immer das Ziel deiner Anstrengung vor Augen behältst,
und nichts dich von diesem Weg abbringt.

Man merkt dir deine Bescheidenheit an.
Sie stammt aus deinem bewussten oder unbewussten Wissen,
dass die Welt ein großer, schwer zu verstehender Ort ist,
in den wir geworfen sind.
Du versuchst, zu überleben
und etwas Sinnvolles aus dem zu machen,
was dir an Rohmaterial anvertraut worden ist.

Eine große Herausforderung

In deiner Konzentration
auf einen Teilbereich des Ganzen,
auf die sinnvollste und wirksamste Lösung
eines Problems,
und in der Rücksicht
auf deine Mitmenschen
läufst du Gefahr, den Blick für das Ganze zu verlieren.
Kalt, kalkulierend, intolerant,
andere verdächtigend, dich einschmeichelnd,
skeptisch und misstrauisch zu werden –
das sind die Gefahren, die auf deinem Weg auf dich lauern.

Es ist deine besondere Aufgabe,
diese Gefahren zu kennen und sie zu vermeiden,
dabei aber deinen Weg nicht zu verlassen
und deine innere Größe zu bewahren.
Du kannst dich für die Ordnung verausgaben
und dabei das Leben verpassen.
Du bist gefordert, loszulassen und Unordnung auszuhalten.
Wenn dir das gelingt, wirst du befreit von dem,
was für dich lebensnotwendig schien.
Die Ordnung ist für das Leben da und nicht das Leben für die Ordnung.

In dieser Spannung wirst du immer mehr von dem entdecken,
was die Welt im Innersten zusammenhält.
Das wird deine einmalige Weisheit sein.

Sei achtsam

Achte darauf,
dass du in deiner Selbstkritik nicht untergehst.
Du hast den Drang zur Perfektion
und bist darum selbst dein ärgster Kritiker.

Lass dich nicht von Kleinigkeiten stören oder gar zerstören.
Du kannst in den Einzelheiten verloren gehen –
auch wenn sie wichtig und schön sind,
sind sie nicht das Ganze.

Glaube nicht, dass nur das Messbare wirklich ist.
Es gibt viele Ebenen der Wirklichkeit,
und jede hat ihren eigenen Zugang.
Nicht alles ist durch Arbeit und durch ein System zu erreichen.

Du musst lernen, deine Vorstellungen manchmal loszulassen,
sonst machen sie dir das Leben zur Qual.
Nicht alles, was wir denken können,
ist erreichbar.

Mache dir nicht zu viele Sorgen über das,
was noch nicht genau stimmt.
Auch die Unvollkommenheit gehört zur Vollkommenheit der Welt.

Die reife Form deines Weges

Wie dich früher eine versteckte Angst gehindert hat,
dich dem Leben hinzugeben,
so erlaubt dir jetzt deine Reife,
dich dem Leben auszuliefern.
Du bist an der Härte des Lebens gewachsen.
Reif ist auch deine Fähigkeit,
zwischen dem Wesentlichen und dem Unwichtigen zu unterscheiden.
Immer seltener lässt du dich gefangen nehmen
von dem, was keinen bleibenden Wert hat.
Du wirst jetzt gelassener und spielerischer.

Du wirst auch deine Empfindlichkeit überwinden
und es schaffen, mit dem Chaos der Welt zu leben.
Du wirst nicht mehr das Bedürfnis haben,
das zu ordnen, was nicht deine Sache ist,
und wirst dich auf das konzentrieren, was für dich wichtig ist.

Wenn du das, was du ordnen kannst, ordnest,
und alles andere annehmen oder sogar umarmen kannst,
dann betrittst du die höhere Ebene deines Weges.

Die Geschenke deines Weges

Dein Weg schenkt dir ein tiefes Wohlbefinden,
weil du eine Gebende, ein Gebender, bist.
Durch dich ist die Welt gesegnet,
und viele verspüren es,
weil sie durch deine Energie
zur Energie ihres eigenen Weges finden.
Du machst alles möglich.

Auf diesem Weg bist du ganz nah am Leben,
du gehst nicht in Theorien verloren,
sondern spürst das Leben selbst
und die Lebendigkeit deines Beitrags.
Du lebst nicht nur in deinem Kopf,
sondern auch in deinen Händen, in deinen Füßen
in deinen Augen, Lippen und in deinem ganzen Körper.

Dieser Weg lehrt dich, Probleme zu lösen
und dabei genau, fleißig und verantwortlich zu sein.
Du bist glücklich in deiner Leistung und doch bescheiden.
Dein ganzes Leben macht Leben möglich.
Mit feinsten Fäden hast du alles mit allem verbunden.
In deinen Taten drückt sich die Klarheit der Welt aus.

Wachse über dich selbst hinaus

Das, was du in der fassbaren Welt schätzt,
die Klarheit und Reinlichkeit,
die Ordnung und Genauigkeit,
die erkennbaren Muster,
in denen sich das Leben ausbreitet und vertieft,
das kannst du jetzt auf das Geistige beziehen.
Was materiell war, wird nun spirituell.

Jetzt setzt du deinen Fleiß ein,
um göttliche Muster zu entdecken
und die Tiefe des Menschen auszuloten.
Deine Haltung hat sich nicht verändert,
noch immer ordnest du,
noch immer bist du das Salz des Lebens,
doch jetzt wendest du dich den tieferen Werten zu.

So wie dein Körper einmal deiner Seele
und deinem Denken gedient hat,
so dient jetzt dein ganzes Wesen dem Göttlichen.
In einer Feier deines Weges
fährst du jetzt die Ernte ein
von den Feldern deiner Erfahrung.

Zu den Bildern

Die Bilder in dieser Buchserie haben zum Teil einen anderen Zweck als sonst in meinen Büchern. Sie sollen nicht nur eine Meditationshilfe sein, sondern sie sollen in den meisten Fällen die Energie eines Weges verkörpern. Mit diesem Gedanken haben wir sie ausgesucht.

Jeder dieser Wege findet in der äußeren Welt, in den Dingen, die uns umgeben, seinen Ausdruck. Die Dinge der Welt haben ihre eigene Energie. Der Weg der Kraft findet seinen Ausdruck im Strahlen der Sonne, im Bild des Löwen als König der Tiere, im Leuchten einer Sonnenblume. Der Weg der Balance findet seinen Ausdruck in der Geradlinigkeit des Horizonts, der alles auszugleichen scheint. Wir haben versucht, bei der Auswahl der Bilder innerhalb der Energie eines jeden Weges zu bleiben, so wie wir den Weg verstehen, um den Band stimmig zu halten. Oft sind die Entsprechungen zwischen außen und innen geheimnisvoll, und man muss lernen, sie zu sehen und sich in sie einzudenken.

Die Blüte einer Blume, mit ihrer symmetrischen Anordnung von Blütenblättern, die Blätter oder Nadeln an einem Ast, die Erbsen in einer Schote und die Kerne in einem Tannenzapfen sind Ausdruck für den Weg der Klarheit in der Natur. Da, wo Menschen etwas schaffen, besonders wenn sie sich dem Detail widmen, beschreiten sie den Weg der Klarheit. Alles, was eine dienende Funktion hat und etwas anderes ermöglicht, gehört zu diesem Weg.

Umschlag: Espen im Herbst, bei Mt. Timpanogos, Utah, USA.
4 Cardon Kaktus, umgeben von Blumen, Baja California, Mexiko.
7 Aufgestelltes Stroh, British Columbia, Kanada.
9 Kähne auf dem Neckar, Tübingen.
11 Fischernetze, Victoria, British Columbia, Kanada.
13 Frühlingswald, Deutschland.
15 Louise Harris, in einem alten Blockhaus, am Green River, Colorado, USA.
17 Angeschwemmte Bäume am Ufer des Alsek Flusses, Alaska, USA.
18/19 Cardon Kakteen im ersten Morgenlicht, Baja California, Mexiko.
21 Totempfahl (Detail) der Küstenindianer von British Columbia, Vancouver, British Columbia, Kanada.
23 Gerbera, Gibsons, British Columbia, Kanada.
25 Fenster in der Kathedrale von Chartres, Frankreich.
27 Verfallene Farm, Fort Steele, British Columbia, Kanada.
33 Frau auf dem Folk Festival, Vancouver, British Columbia, Kanada.
35 Hausbau in Gibsons, British Columbia, Kanada.
37 Verfallenes Fachwerkhaus, Deutschland.
39 Aufgehende Saat, Niedersachsen.
41 Gestapeltes Holz, Grainau, Bayern.
43 Kürbisernte mit ausgestopften Figuren, California, USA.
44/45 Espen im Herbst, bei Mt. Timpanogos, Utah, USA.
47 Ährenstern.
49 Quilt von Louise Harris, Sedro Woolley, Washington, USA.
51 Sonnenaufgang über Inseln bei Loreto, Golf von Kalifornien, Baja California, Mexiko.

Die zwölf Wege des Menschen

Jeder von uns hat in seiner Einmaligkeit seinen ganz eigenen Weg. Die Unterteilung in zwölf Wege gibt es in unterschiedlichen Formen schon lange. Für den Weg werden unterschiedliche Namen gebraucht, je nachdem, ob man sich mit Psychologie, Philosophie, Astrologie oder Theologie beschäftigt. Auch die Kultur und die Zeit bestimmen die Beschreibungen dieser Wege. Das Alte Testament, die Weisheitsschriften Laotses, die moderne Analyse C. G. Jungs oder das jahrhundertealte Enneagramm können uns unseren Weg weisen, so auch die Tierkreiszeichen. Es geht immer um uns und unsere Art, das Leben anzugehen. Die alte Weisheit der Astrologie beschreibt Energien, die in unserem Leben wirken. Unser ganzes Leben lang lernen wir, sie zu entdecken, mit ihnen umzugehen und sie zu bejahen.

Jeder Mensch sucht sich selbst zu verstehen, seine Ziele, den Ursprung seiner inneren Kräfte, seine Gottesbilder, seine Stärken und Schwächen. Wir wollen sie akzeptieren oder sie durch Bewusstwerdung auf dem Weg in eine größere Reife überwinden.

Niemand lebt nur auf einem Weg. Jeder von uns trägt Elemente aller Wege in sich, und es ist wertvoll, auch diese zu verstehen und damit auch den Weg unseres Partners, unserer Freunde und Familienmitglieder zu erspüren. Je mehr wir sie verstehen, desto besser können wir miteinander umgehen.

Ich, Waltraud, habe den Weg der Balance als meinen Weg erkannt, weiß aber auch um die Wichtigkeit der anderen Wege in meinem Leben. Ich, Ulrich, habe den Weg der Begeisterung als den wichtigsten Weg in meinem Leben erkannt, spüre aber auch, wie bedeutend die anderen Wege sind.

Waltraud und Ulrich Schaffer stammen beide aus Deutschland und leben seit vielen Jahren in British Columbia in Kanada. Ulrich Schaffer ist als Schriftsteller und Fotograf bekannt für seine Text- und Bildbände mit Naturfotos, die inzwischen eine Gesamtauflage von über fünf Millionen erreicht haben. Waltraud Schaffer hat sich schon seit vielen Jahren mit Astrologie beschäftigt. Für diese Buchreihe haben beide ihre Ideen und Fähigkeiten vereint, um die zwölf Wege des Menschen in ihren unterschiedlichen Energien zu beschreiben.

ulrich schaffer   Waltraud Schaffer

Alle zwölf Wege des Menschen

– in gleicher Ausstattung erschienen –

Im Zeichen Widder Der Weg des Aufbruchs
Im Zeichen Stier Der Weg der Lebensfreude
Im Zeichen Zwilling Der Weg der Leichtigkeit
Im Zeichen Krebs Der Weg der Treue
Im Zeichen Löwe Der Weg der Kraft
Im Zeichen Jungfrau Der Weg der Klarheit
Im Zeichen Waage Der Weg der Balance
Im Zeichen Skorpion Der Weg der Lebenstiefe
Im Zeichen Schütze Der Weg der Begeisterung
Im Zeichen Steinbock Der Weg des Erfolgs
Im Zeichen Wassermann Der Weg der Freiheit
Im Zeichen Fische Der Weg des Mitgefühls

www.herder.de
Texte, Fotos, Layout: Ulrich Schaffer
Autorenfoto: Zilya Schaffer
Satz und Repro: Reprographia MEDIENHAUS-LAHR
Druck und Bindung: EuroGrafica S.p.A., Marano-Vicenza 2004
Gedruckt auf umweltfreundlichem, chlorfrei gebleichtem Papier
ISBN 3-451-28290-9